cahiers de poésie
(brève)

nicole gremion

haïkus et tanka

d'un Jardin
2015

avant-propos

Le monde de la poésie, comme tout espace vivant, présente des territoires dont les frontières ne sont pas plus étanches que celles de la réalité géographique ; mais ils conservent pourtant, ces territoires, des noyaux ultimes qui, à la fois, les distinguent de l'ensemble, les en séparent, et finalement les protègent de la dissolution.

Les Cahiers de poésie (brève) sont, en ce sens, une sorte de guide du promeneur avisé dans des territoires finalement peu fréquentés ; mais s'il est difficile de tracer, dès ces premiers pas, un cadre formel rigide pour de futures publications : empirisme et ouverture sauront bien nous éclairer.

Il est bien naturel d'entamer cette aventure à travers des contrées encore à découvrir, parcourant des chemins étroits, souvent ardus, ceux du haïku, poème difficile s'il en est, dans son cœur profond, tant il est ennemi de la facilité et de la fausse spontanéité ; du tanka, poésie brève émotive et chaleureuse, exigeante, rebelle aux règles et pourtant parmi les formes les plus contraintes.

Et par voie de conséquence, aux plus grandes satisfactions. Un beau tanka est un travail d'orfèvre : même si les modes et les sensibilités changent au cours des siècles, l'amateur éclairé sait et saura y reconnaître ses quatre qualités de base : émotion, sincérité, grâce et culture.

Il en est de ces formes comme apparaît le sonnet : avec un peu d'habileté, on peut en écrire, qui soient lisibles. Mais combien se détachent des rayons des bibliothèques, combien nous émeuvent ? Combien nous offrent le plaisir de la lecture complice, de l'acquiescement, sinon de la jalousie ?

La poésie brève de Nicole Gremion, nous le croyons, est de celles-là. Poésie brève, poésie rare, née du filtre du temps, de la sensibilité, de la maîtrise du dire. Sachons d'autant mieux l'apprécier.

Alhama GARCIA
2015

HAÏKUS

REGARDS

*Entrée libre
chacun peut apporter
son silence*

printemps

*Le bois du berceau
se souvient d'une forêt
et d'un nid d'oiseaux*

*Balcon déserté —
couvée d'oisillons éclose
dans un pot de fleurs*

*Barbes d'herbes folles
à travers les barbelés
si follement libres*

*Il a refleuri
après dix années d'épines
le rosier sauvage*

été

Tout ce bleu du ciel
que traversent les oiseaux
où commence-t-il ?

                    Bleu sans fond du ciel
              percé d'un cri d'hirondelle
                           taillé droit fil

Un sang de gitane
et l'insolence du soleil
— grenadier en fleurs

*Le bancau brasille
d'insectes aux cuisses rouges
— quatorze juillet*

*Persiennes mi-closes
dans la pénombre animale
un air de jazz*

*Des amours de plage
un collier de souvenirs
une vague à l'âme*

automne

*Ma respiration
sur la vitre embuée
soudain visible*

*Des lambeaux de bleu
dans un ciel qui s'effiloche
— mon anniversaire*

*L'envol d'un corbeau
dans l'automne des forêts
couleur crépuscule*

*Un volet qui grince
le ciel écharpé de vent
et toutes ces feuilles*

*Bourrasque d'automne
le ballet des feuilles sèches
juste avant la pluie*

*Feuilles envolées
l'arbre aussitôt se rhabille
d'oiseaux de passage*

Colline abolie
sous les brouillards empilés
cri bleu-noir d'un corbeau

Sous le vieux figuier
mon panier plein d'escargots
— brouillard matinal

hiver

> *Gratté jusqu'à l'os*
> *le squelette du jardin*
> *sous la lune froide*

Un ciel gris d'hiver
si bas si bas
qu'on se demande s'il est là

> *Un rameau s'incline*
> *sous tant de légèreté*
> *poids subtil de la neige*

*Un pin naufragé
sous le glacis du ciel gris
les flocons voltigent*

*L'ai-je donc rêvé
ce bonhomme blanc sous la lune ?
la neige a fondu*

*Crèche de Noël —
dans l'étable une araignée
a tissé l'Étoile*

plantes, oiseaux, bestioles

> *La grille du* parc
> *je guette son grincement*
> *n'attendant personne*

Arrachant au sol
ses folles herbes *opiniâtres*
Ah ! me redresser

> *Averse au jardin*
> *le* volubilis *se prend*
> *pour un arc-en-ciel*

Œil de soie fripée
bat des cils au matin bleu
 iris *du vieux mur*

                              À l'instant furtif
                   où l' iris *s'est entrouvert*
                            j'ai cligné des yeux

Fermant les yeux
je cueille son parfum mauve —
l' iris *de Suse*

Un arbre *à l'endroit*
l'été — devient en hiver
un arbre à l'envers

À contre courant
le saule *aux branches pensives*
rame sa dérive

arbres *en hiver —*
dans leurs moignons dénudés
les formes du feu

Sans un seul faux pli
un canard *imperturbable*
lisse l'étang gris

Querelle de pies
se chamaillant une olive
la paix part en plumes

L'appel du hibou
l'épouvantail frissonne
au seuil de la nuit

*Plainte déchirante
de* matous *enamourés
— un volet qui claque*

*Un fétu bascule —
vertige de sauterelles
amours minuscules*

*sans remords la mante
dévore dévotement
l'amant qui l'honore*

Première cigale
sur l'autoroute du soleil
l'odeur des garrigues

L'araignée reprise
le rideau effiloché
lumière d'été

Dans le bleu du vide
le ballet des libellules
en apesanteur

*Le tour du soleil
un an suffit à l'escargot
ventre à terre*

*Un parfum de lune
cette nuit — l'amandier seul
habillé de neige*

*Un chantier désert —
sur la grue en équilibre
la lune montante*

Ciel giflé de vent
la lune file à toute allure
en filigrane

Un rayon de lune
sur l'insomnie des statues
—solo d'un grillon

les fenêtres

*Un reflet du ciel
sur le jardin suspendu
fenêtre sur cour*

*Canaris en cage
sur la terrasse ombragée
à l'abri du ciel*

*Balcon du troisième
une semaine épinglée
sur la corde à linge*

*Vitre ruisselante
l'enfant dessine du doigt
un parapluie*

l'ennui

> *Tellement dimanche !*
> *avant même d'ouvrir les yeux*
> *on s'ennuie déjà*

Chemin du retour
le chagrin d'un caillou
dans ma chaussure

> *Vivre fatigue*
> *mon ombre s'est allongée*
> *et moi j'ai dormi*

*A travers la vitre
le reflet du déjà vu —
regarder l'hiver*

le silence

> *Affût dans le noir*
> *une araignée toute en pattes*
> *piège le silence*

Le saule médite
aquarelle dans le vent
couleur du silence

> *En silence passer*
> *ainsi que passent les ombres*
> *ou les nuages*

le temps

Sur un pan de mur
des marques au crayon bleu
— mesure du temps

Les mêmes amis
aux obsèques d'un ami
toujours moins nombreux

Bientôt cent ans
la canne se fait plus lourde
à chaque pas

La bougie s'éteint
vieillir entre deux absences
rien que le temps

.

Il était …
l'imparfait définitif
le temps des morts

COULEURS D'ÉVASION

(haïbun)

Exotisme en chambre
apprivoiser l'insolite
sur des étagères

En face de mon lit elles sont là, mes belles, mes déesses, végétales et féminines, virginales, effrontées, mes orchidées. Chorale de couleurs dont les plus hautes notes s'exaltent en arpèges à des années-lumière d'une base feuillue, vernissée, empesée et comme endimanchée, ignorant l'indiscipline des lianes qui débordent du pot, enracinées dans rien.

Folie des racines
grimpent jusqu'au désespoir
enjambant pétales

Avec leur contour net et la texture opaque de leurs fleurs, elles m'absorbent, m'observent, m'obsèdent, jalouses de mon regard autant qu'indifférentes à ma vue, implacables et désinvoltes, rieuses et presque m'accusant de leur être étrangère.

Grâce un peu guindée
Dessinées au rouge à lèvres
à fleur de miroir

Car ce sont femmes-fleurs au regard aguichant, voilant l'intime de leur être pour mieux en suggérer la naïve impudeur.

Corolles entrouvertes
en baisers d'amoureuses

chair de l'orchidée

Étranges, l'arrondi de pétales qui n'en sont pas, les labelles lobés au toucher de velours, les pistils projetés en langues de serpents. Et c'est une agonie de papillon quand, juste avant de se faner, la fleur replie ses ailes tendres.

*Formes délirantes
quand les idées viennent aux fleurs
— caprices plutôt*

Caprices ? Ou bien l'intelligence végétale exhalée en parfums envoûtants de vanille et d'épices, en tons sophistiqués réfractant la lumière ou, fourberie suprême, en faux accouplements avec l'insecte en quête de nectar, dont la volupté frémissante assurera la pollinisation.

*Mimétisme étrange
entre l'insecte et la fleur
stratégie d'amour*

Tout en effet n'est-il pas sexe en ce monde orchidien, depuis les tubercules jumeaux et souterrains, symboles priapiques aux pouvoirs opposés, jusqu'à la fleur dite « Sandale », emblème éleusinien de la fertilité ? Image de Vénus aussi, gracieuse et désolée, errante dans les bois en quête d'Adonis, chaussée de fins sabots fleuris pour protéger des ronces ses pieds nus.

Sabot de Vénus
sandale de Déméter
empreintes sacrées

… En face de mon lit, toujours, mes belles, mes déesses… Maintenant, c'est la nuit et je ne les vois plus. Mon rêve a dérivé, des temps mythologiques, jusques en ces lointains pays où la chasse au trésor végétal a entraîné les hommes, au péril de leur vie ; en Chine, en Thaïlande ou en forêt d'Amazonie.

Vecteurs de symboles
elles voyagent aujourd'hui
sur des timbres- poste

De la femme fatale à la fille de pub, la mode s'est emparée d'elles. Précieuses toujours, mais cultivées en serres, produits sophistiqués ennoblissant les centres commerciaux. « Le label orchidée est un style de vie »…« ambiance soft et raffinée »…« un présent romantique à portée de chacun », tel est le chant des haut-parleurs couvrant le bruit des tiroirs -caisse.

Parures fascinantes
de belles en fourreau noir
anges ou démons…

Vient le petit matin prolongeant ma nuit blanche. Résonne encore en moi l'écho de leur origine féérique, de leurs amours déroutantes, de leurs pouvoirs maléfiques. Mon regard qui cherche le leur s'accroche à l'invisible.

Exotisme en chambre…
    j'ai apprivoisé l'insolite
           sur mes étagères !

(2012)

TANKA

dimanche d'été
sans lundi en perspective
on s'ennuie déjà
s'inventer d'urgence une ombre
le soleil a trop d'éclat

dimanche d'été
sans lundi à l'horizon
on s'ennuie déjà
s'inventer d'urgence l'ombre
des orages imminents

dimanche d'été
sans lundi à l'horizon
on s'ennuie déjà
les nuages à l'affût
attendent qu'on les appelle

*août en majesté
le sophora enlumine
son ombre de miel
jardinier plus n'y retrouve
le sable de ses allées*

*si tous les oiseaux
s'éveillaient au même instant
quel charivari
manquerait que la voisine
s'exerce au youkoulélé*

sous le mûrier blanc
rêver d'être la chenille
au tendre cocon
savoir du fil de sa vie
se tisser robe de soie

Morts au balcon

(rites funéraires des Célèbes)
(suite de tanka)

*Poupées Torajas
alignées dans la falaise —
les morts du balcon
assistent au rituel
de leurs propres funérailles*

*une main tendue
quête les cadeaux du ciel
l'autre vers la terre
en redistribue les grâces
un buffle est monnaie d'échange*

*le jeu des miroirs
les unit dans l'au-delà
à ceux qui survivent
— dans la mort garder son rang
on l'évalue en ripailles !*

*les corps embaumés
sont conservés plusieurs mois
le temps nécessaire
pour recueillir les offrandes
et le prix du sacrifice*

*dépouilles hissées
le long d'un échafaudage
linceul brodé d'or –
on verrouille le caveau
s'ouvre la Voie des Ancêtres*

*Dame à son balcon
dans sa longue robe mauve
de crépon froissé
entre lavande et pivoine
la traîne de son parfum*

*Nationale sept
bouchon sur dix kilomètres
concert de klaxons
aux frondaisons des platanes
encombrement de cigales*

Si fine si fière
tranquille à deux pas de moi
la bergeronnette
me salue d'un mot d'oiseau
j'aimerais tant lui répondre

Le chemin se perd
du nuage sans racine
dissous dans le bleu
ainsi des bleus de l'enfance
dérive le souvenir

Vagues de stridences
et silences alternés
le ciel bien trop bleu
plus d'un million de cigales
Ah ! ce vide à mes côtés

Chiendent folle avoine
qui suis-je pour décider
de leur droit au sol
ne suis-je pas herbe folle
dans le champ de mon voisin ?

*Pliées dépliées
les ailes du papillon
éventent la fleur
— poème éclos au soleil
donne couleur à la nuit*

*L'ombre irréfutable
s'inscrit sur terre battue
accuse et s'efface
des revers et des volées
ne restera que poussière*

*Ombre maladroite —
le jeune plant de mûrier
apprend du soleil
à jouer des transparences
pour dispenser sa fraîcheur*

*Un enfant des villes
a-t-il jamais vu ailleurs
que sur des images
le toit pointu qu'il dessine
au-dessus de "sa" maison*

Dans le bac à sable
bras et mollets potelés
— grâces enfantines
vient le temps où la chenille
se sublime en papillon

Pas une hirondelle
en ce matin d'Ascension
si les oiseaux même
oublient les drailles du ciel
comment rejoindre ton rêve

Au premier frisson
qui ne songe avec regret
au cuivre du hâle
à la caresse des vagues
douces folies de l'été

En quête d'étoile
dans l'opaque de ma nuit
seulement m'asseoir
dans l'herbe une luciole
lucide éclaire ma voie

Chemisier à fleurs
premier signal du printemps
dans la rue sans arbres
une fièvre adolescente
saisit soudain les passants

Guipure des branches
osant la fragilité
— miel des tons d'automne
quand tes doigts croisent les miens
l'hiver dépose les armes

*Rien ne saurait plus
l'émouvoir ni la surprendre
elle a tout vécu
mais quand j'entrouvre sa porte
j'éclaire un regard d'enfant*

*Grains dilapidés
luxe des pollens épars
— prodigue nature
tant d'écrits dans un tiroir
duquel naîtra le poème*

Parade d'amour
l'arbre roucoule et pigeonne
le coucou fleurit
deux vieux sur le banc de bois
échangent un long regard

nuit claire de mars
le lacis des branches nues
a piégé la lune
au matin c'est clair de terre
jonquilles et boutons d'or

MONSIEUR AUGIER

(suite de tanka)

du bout de sa canne
le vieil homme m'enseignait
la sève montante
les arbres leur vie d'en bas
le miroir des frondaisons

sur les jeunes vignes
il greffait un œil dormant
épousant le cep
ah ! si j'avais pu dormir
belle au bois jusqu'au printemps

quelques mèches grises
épandues sur la terrasse
à la lune vieille
invitaient le rouge-gorge
à retapisser son nid

et moi la bourgeoise
j'appris à fumer la pipe
à traquer la grive
et lamper d'un coup la blanche
au téton de l'alambic

le buis de sa canne
il l'a sculpté de sa main
aujourd'hui la mienne
en caresse la poignée
où s'enroulent mes racines

(été 2014)

1)
un babil d'oiseaux
de furtifs effleurements
dans l'herbe froissée
Je me taisais près de toi
m' entendais-tu respirer ?

2)
Ciste cotonneux
à peine ouvert déjà froissé
— l'odeur de la mer
femme-fleur appel de sirène
île ou jardin printanier

3)
à pans de velours
sa découpe se chantourne
— iris mordoré
fragrance dans la pénombre
d'anciens boudoirs lambrissés

4)
*bleu indifférent
du jour le moins équitable
— solstice d'été
l'oiseau engoule en plein vol
des instants insaisissables*

5)
*touffeur estivale
les graines d'acanthe fusent
drones du soleil
bruit de liberté joyeuse
au grand big-bang du jardin*

6)
*torturé de sec
il bouscule l'horizon
serti de soleil
racine et roc se confondent
dans l'arrachement du bois*

7)
tournoi suspendu
avant la fin de l'échange
la nuit est tombée
suis-je encor maître du jeu
par les soirs de pleine lune ?

8)
toits doublés de neige
l'étamine des rideaux
tamise le ciel
mon chat à travers la vitre
joue à trier les flocons

9)
est-ce encore moi
cet écho dans la montagne
— bruit blanc de la neige
quand l'ombre même ne sait
ma forme ou celle de l'arbre

10)
les murs sonnent creux
un trop d'objets sans objet
leur donnait une âme
le temps pour penser à lui
envolé dans la poussière

11)
de bronze et de terre
la jarre au ventre pansu
— un lézard l'enlace
par les fêlures du temps
il s'abreuve de lumière

12)
arbre aux mille écus
gerbes d'or coussins d'argent
faudra-t-il un jour
payer en monnaie du pape
l'accès au jardin d'Allah ?

STRUGGLE FOR LIFE.

Expropriée d'elle-même, et comme dépouillée par l'été implacable, la cigale au cours de sa mue déménage toujours par le toit, et toujours à la cloche de bois. A l'échéance exacte du solstice, elle s'agrippe à la moindre brindille à laquelle elle abandonne son fourreau fragile et mordoré, préservé miraculeusement intact après tant de violence extractive, depuis les globes oculaires jusqu'à l'extrémité des pattes aux crochets filiformes.

Dans sa glorieuse maturité, c'est une mélomane ardente, puissant synthétiseur qu'enchante et désespère juillet en son zénith. Au rythme de ses flancs les tambours du soleil, les violes de l'amour, les cuivres de la mort s'épuisent en un délire élytro-acoustique.

Elle chante qu'elle aime, et puis meurt de son chant — si vite, éperdument -, arrache le secret chtonien du cœur du monde, en révèle la transparence au dessin de ses ailes, l'incruste en filigrane à l'écorce d'un pin, et l'implose en cymbales exaspérées – exaspérantes – jusqu'à ce que le rituel cannibale d'une espèce rivale l'expose en sacrifice ultime au combat pour la vie.

PS : Un ami entomologiste me chicane sur « élytro-acoustique », parce que la cigale n'a pas d'élytres. Mais bon …le jeu de mots est trop tentant …!

MES SOLEILS

(suites-de-tanka)

*Charlotte Eugénie
et toi douce Gabrielle
frêles et si fortes
sur vos visages s'inscrivent
trois siècles de plein soleil*

Charlotte,
(1903-1998)
*la fondatrice de plus de cinquante écoles ménagères et de
l'ISM Cadenelles à Marseille*

*Regard magnétique
des bâtisseurs d'idéal
tous obstacles cèdent
au sourire — il anticipe
un ordre à réinventer*

*écoles de cadres
écoles pour les mamans
— écoles de vie
l'humble geste du ménage
s'y enseigne comme un art*

*des fleurs sur la table
le partage d'un repas
— instants lumineux
dans l'ancien moulin à huile
ou la villa sous les pins*

au cœur de l'été
dans le parfum des framboises
et de l'origan
j'aime à suivre les empreintes
des chemins qu'elle a tracés

Eugénie,
(1904-2003)
sœur du poète Louis Brauquier

L'ombre des saisons
n'a pas terni son regard
la sœur attentive
sourit aux îles lointaines
de son poète au long cours

la brise de mer
entrebâille le volet
au-delà des mots
tous arbres lui sont poèmes
tous lui parlent de l'absent

Pomone aux bras blancs
aux seins lourds drapés de lin
sous le vieux figuier
fait avec la Bonne Mère
partage de sa ferveur

au vert paradis
du jardin de leur enfance
chante un olivier
dans la Ronde des Élus
son poète l'attendra

Gabrielle,
(1904 – 1999)
servante de Dieu et des hommes

D'un ange empruntés
les yeux bleus et le sourire
de ma Gabrielle
ah ! c'est la main d'une fée
qu'elle a glissée dans la mienne

des mains qui réparent
consolent d'une caresse
qui soignent et prient
et qui font danser aux cloches
leurs envolées d'angélus

un coffret de bois
rassemblait tous ses trésors
boutons fils aiguilles
et un chapelet de nacre
ce fut son dernier cadeau

tellement terrestre
tellement proche du ciel
servante de tous
quand je doute de l'humain
je l'appelle à mon secours

                              Il est des soleils
                    qu'on peut regarder en face
                                 sans être ébloui
                  si proches du cœur du monde
                  ils font nos regards plus clairs

à Alhama Garcia,
mon Pygmalion des collines, avec toute mon admiration pour son œuvre littéraire, ainsi que mon infinie reconnaissance pour son action pédagogique au service du tanka ; et puis, surtout, avec ma vive amitié en poésie.

Nicole Gremion

notes

notes

www.ingramcontent.com/pod-product-compliance
Lightning Source LLC
Chambersburg PA
CBHW020019050426
42450CB00005B/542